DES

INSTITUTIONS COMMERCIALES.

DES INSTITUTIONS

COMMERCIALES

EN FRANCE

PAR

A. J. HUTTEAU D'ORIGNY.

Sans commerce la *chose publique* ne
se peut bonnement entretenir.
Il faut pouvoir marchander tant hors
que dedans, *par mer et par terre.*
Etats de Tours, 1468.

Le commerce rend les peuples plus
heureux, les Etats plus florissans.
Déclaration de Louis XIV, 1668.

*Non gloria nobis
causa, sed utilitas, officiumque fuit.*

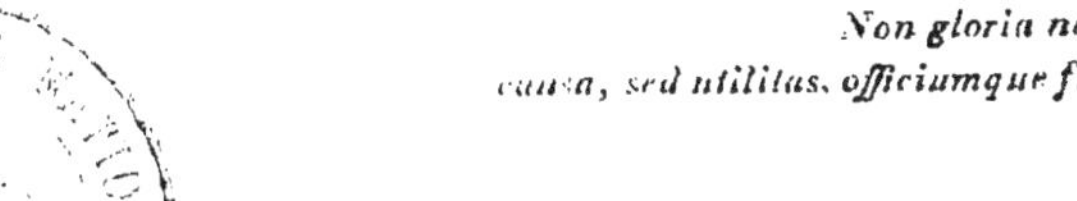

PARIS.

IMPRIMÉ CHEZ PAUL RENOUARD,

RUE GARANCIÈRE, N° 5.

—

1848.

INTRODUCTION.

CAUSES DE CET ÉCRIT.

Fils de l'avocat des six corps des marchands de Paris, et de l'un des députés de cette ville à l'Assemblée constituante, l'auteur fut, dès ses premières années, pénétré de la haute importance du commerce.

Sous la République, rappelé de l'armée par le ministre de la guerre, Pétiet, et attaché à la 4e division du ministère de l'intérieur, dont les attributions, confiées à un homme de bien et de mérite, M. Dubois, se composaient de l'agriculture, des arts et manufactures, du commerce, des subsistances, l'auteur continua, jusque sous l'Empire, à être employé dans cette haute administration, dont il s'était occupé à étudier l'esprit et la marche.

Démissionnaire, successivement appelé aux fonctions de maire, et de maître des requêtes au Conseil d'État, dans ces différentes positions, se renouvelèrent les sujets de ses premières études.

Malheureusement, les faits qui se produisirent, surtout depuis 1830, lui prouvèrent combien nos institutions commerciales étaient méconnues et faussées.

On vit alors le gouvernement, libre de tout frein, *plus occupé de servir des passions politiques, et d'aider à des combinaisons de plus d'une espèce, que du soin d'observer strictement la loi* (1), violer la loi, les décrets, les ordonnances, en méconnaissant et sacrifiant les inté-

(1) Voyez les excellentes observations de M. Houbigant, *sur le chemin de fer de Paris à Strasbourg.*

rêts du commerce, dont il refusait d'entendre la voix.

Il était difficile à l'auteur de ne pas comparer cet état de versatilité et d'illégalité commerciales, avec les temps antérieurs, où, sous la Monarchie et sous la République, il avait vu les institutions du commerce largement établies, agir par leurs puissans ressorts dans l'intérêt du pays ; où il avait vu les fabricans, les négocians constamment honorés et consultés par l'administration.

Il s'est reporté aux ébauches d'un travail que lui avait conseillé un de ses dignes collègues, au Comité du contentieux, M. Villemain. *Écrivez*, lui disait l'ingénieux et spirituel académicien, *écrivez l'histoire administrative du siècle de Louis XIV, et vous aurez écrit le code de l'administration de tous les peuples.*

Mais, les recherches de l'auteur s'étaient limitées à ses premières études, le commerce.

Au déclin de la vie, il offre à ses concitoyens,

sous forme d'*Essai*, le résultat de ses recherches, comme un dernier tribut à son pays.

Heureux, s'il peut appeler les méditations de
l'homme d'État, sur un des sujets le plus inti-
mement lié à la prospérité publique; s'il peut
contribuer à la réhabilitation de notre commerce, compromis encore naguère par l'isole-
m nt et par l'abaissement politiques de la France.

———

La publication complète de cet ouvrage étant re-
tardée, l'auteur a cru devoir en donner dès à présent
l'*Introduction*.

L'importance du commerce, sa corrélation avec
la haute administration, la nécessité d'une représentation spéciale pour cette grande branche des intérêts publics, ressortent, nous croyons, suffisamment
de cette introduction. Sous ces différens rapports,
elle pourrait décider nos villes industrielles et mari-
times, à choisir parmi leurs représentans à la Consti-

tuante, outre les travailleurs, des fabricans, des négocians, des armateurs.

La France retrouverait la représentation, dont le
commerce a joui dans nos États-Généraux.

Devenue plus indispensable à notre époque,
l'Empereur en *avait attribué une spéciale à l'industrie, à la propriété manufacturière, et commerciale.*

Il déférait encore la nomination des *Représentans
du commerce et de l'industrie aux colléges de département;* en effet, il devait considérer les Villes,
comme les grands centres de l'Industrie et du Commerce.

Ces dispositions sont, il est vrai, extraites de
l'*acte additionnel.* Mais on ne peut le méconnaître :
souvent des grandes commotions politiques sort
l'expression des grands besoins des peuples.

SOMMAIRE

En quoi consiste la richesse d'un peuple ?

La richesse d'un peuple consiste dans l'abondance des choses consommables, nécessaires, utiles ou agréables à la vie de l'homme.

Plus cette abondance s'accroît, plus la valeur des choses se réduit; plus elles deviennent à la portée des consommateurs, et plus elles étendent le bien-être général.

L'abondance et le bon marché, entraînent l'exportation et l'importation, qui valent en retour, soit d'autres denrées, soit du numéraire.

Il en est de la richesse d'un peuple, comme de la richesse d'un citoyen, elle le rend libre et puissant.

Ce n'est pas l'abondance du numéraire qui produit d'aussi heureux résultats. C'est le travail et le génie de l'homme. Là, où ces puissans moteurs de l'activité humaine seraient largement appliqués, les

productions de la terre et de l'industrie s'accroî-
traient, se multiplieraient avec les relations commerciales : le peuple vivrait libre, riche et heureux.

III

Trois générateurs de cette richesse.

Mais quels sont les générateurs de la richesse d'un
peuple?

Ces générateurs sont : l'*Agriculture*, les *Manufactures* et le *Commerce* ; en d'autres termes, l'industrie agricole, l'industrie manufacturière, et l'industrie commerciale.

Ces trois branches industrielles forment une
triplicité indissoluble, une solidarité étroite, un
ensemble indivisible.

Chacun des générateurs, par une action mutuelle,
se vivifie et s'alimente réciproquement.

Mais, franchissant les limites du territoire, le
commerce exerce, par son universalité, une supériorité, comme *stimulant :* il est, pour ainsi dire,
le moteur principal ; semblable à une pompe fou-
lante et aspirante, il se saisit des produits pour les
répandre et les distribuer.

Plus un pays sera commerçant, plus il sera agricole et manufacturier, plus il perfectionnera ses moyens de production, témoin l'Angleterre, et, par contre, l'Espagne, où languissent les industries agricole et manufacturière, parce qu'il manque à ce beau pays l'excitation de l'industrie commerciale.

L'Agriculture.

La terre est le foyer originaire de richesse, donné par Dieu à l'homme, pour subvenir à la première des lois de la vie, la subsistance.

L'homme en tire les choses nécessaires soit à son alimentation, soit à l'alimentation d'animaux à son service, ou destinés encore à sa subsistance ; l'agriculture est donc le premier, le plus noble des arts.

Elle n'est, disait sir Robert Peel, en 1846, *elle n'est véritablement qu'une manufacture ; le blé, un produit manufacturé, et le cultivateur, un manufacturier en cette partie.*

Sans doute, l'agriculteur-manufacturier étendra, multipliera, améliorera ses produits.

Mais son travail restreint au sol ne donnera jamais que les produits du sol.

IV

Les Manufactures.

Or, ces produits, qui pourra les approprier à l'usage de l'homme, et les doter d'une valeur nouvelle?

L'industrie manufacturière.

Le travail de l'industrie manufacturière n'a pas de limites. L'homme devient créateur en agissant sur les produits du sol et sur les substances renfermés dans les flancs de la terre.

Les arts industriels ajoutent une création à une création.

L'industrie mécanique supplée à la faiblesse de l'homme par la puissance des machines; elle livre à des bras de bronze et de fer, les objets que l'homme ne pourrait fabriquer par sa seule force musculaire.

Le travailleur s'ennoblit, il est le régulateur de la production de la machine devenue son esclave.

La valeur des objets fabriqués par le génie de l'homme se multiplie à l'infini. Un simple fil de lin se métamorphose en un vaporeux et riche réseau de dentelles; et de quelques grains de sable sort le plus pur, le plus brillant cristal.

V

Le Commerce.

L'industrie commerciale excite à la production.

En effet, le commerce, qui est le trafic des choses, assure et généralise la consommation des produits agricoles et manufacturiers.

Le Souverain maître en répartissant, entre les différens peuples, les choses nécessaires et avantageuses à chacun, les a placés dans la nécessité de communiquer, de commercer entre eux, et de s'entr'aider.

Il a voulu fortifier le lien moral, par le lien de l'intérêt matériel du commerce extérieur si dignement, si honorablement exercé par nos pères. Il a voulu établir une solidarité entre les nations, et unir les hommes par les sentimens d'une fraternité réelle.

Rappelons-nous la parole de Sully, ce grand ministre d'un grand roi populaire :

« En premier lieu, votre Majesté, doit mettre

« en considération qu'autant qu'il y a de divers
« climats, régions et contrées, autant semble-t-il
« que Dieu les ait voulu diversement faire abonder
« en certaines propriétés, commodités, denrées,
« matières, arts et métiers spéciaux et particuliers,
« qui ne sont point communes, ou pour le moins
« de telle bonté, aux autres lieux, afin que par le
« trafic et commerce de ces choses, dont les uns
« ont abondance et les autres disette, la fréquenta-
« tion, conversation et société humaine soient en-
« tretenues entre les nations, tant éloignées pussent-
« elles être les unes des autres, comme ces grands
« voyages aux Indes orientales et occidentales en
« servent de preuves. »

Moteur de l'agriculture, des arts et de l'industrie; stimulant de la multiplication des matières
premières, et de leur mise en œuvre; distributeur
de leurs produits, le commerce est, pour un peuple,
le génie le plus bienfaisant, comme le plus impé-
rieux des besoins d'une grande nation.

Aussi, dans les siècles les plus reculés, fut-il doté
de franchises étendues, et honoré au point de revêtir
le corps des mariniers du titre de *splendidissimum
corpus nautarum.*

Le commerce est *intérieur* et *extérieur.*

A l'intérieur, il satisfait les besoins des populations; il pourvoit à la première condition de l'agriculture et des manufactures, l'écoulement et la consommation des produits.

L'agriculture et les fabriques ont des excédans de produits; comme les populations, elles tirent de l'étranger, soit des matières premières, soit des matières ouvrées.

Ainsi le commerce alimente l'intérieur par l'extérieur et réciproquement.

Mais sans commerce à l'extérieur, point de commerce stable et florissant à l'intérieur.

Dès 1468, les États de Tours proclamaient ces vérités :

« Le commerce est cause et moyen de faire venir
« richesse et abondance de tous biens en tous
« royaumes et pays; sans commerce la chose pu-
« blique *ne se peut bonnement entretenir*. Il semble
« aux gens des États que le cours de la marchandise
« (du commerce) doit être entretenu franchement
« et libéralement pour tout ce royaume, et qu'il soit
« loisible à tous marchands de pouvoir marchan-
« der *tant hors le royaume que dedans par mer et*
« *par terre.* »

Faites bien vos affaires *par delà* écrivait le cardinal d'Ossa à Henri IV, et elles iront bien *par deçà.*

Soignez vos flottes et le commerce, écrivait à Philippe V, et de sa propre main, Louis XIV.

Ce prince, qui en homme d'État, ne séparait pas le commerce de la navigation , proclamait encore dans sa déclaration, de 1646, ces autres vérités :

« ..... La navigation et le commerce..... contri-
« buent puissamment à la *grandeur* de la France
« tant pour y maintenir et accroître le commerce
« qui fait les principales richesses d'un État que
« pour la défense des côtes de nos provinces et la
« protection de nos alliés. »

Thomas Muis disait : « Pour beaucoup gagner il
« faut *porter soi-même* les marchandises dans les
« pays étrangers, sans se servir des VAISSEAUX DES
« AUTRES. »

« ....Les princes dont les sujets font peu de com-
« merce dans les pays étrangers, ne peuvent pas
« mettre beaucoup d'argent dans les coffres.

« .... Il n'est que le commerce étranger qui puisse
" enrichir un royaume. »

De nos jours, l'importance du commerce exté-rieur pour la France s'élève annuellement à plus de deux milliards, et ce chiffre s'accroîtra , alors que le commerce sera replacé dans ses conditions vitales.

VI

Il est agent de civilisation.

Mais le commerce ne peut être agent de prospérité, tant à l'intérieur qu'à l'extérieur, sans être agent de civilisation, sans exercer une influence sur *les relations internationales.*

Telle est la supériorité de sa mission, que là où le pays n'aurait pas de relations diplomatiques, il les prépare, il les crée par ses rapports de peuple à peuple.

Cette qualification *d'agent de civilisation*, le commerce l'a reçue de Louis XIV, le premier en France, et peut-être en Europe, à proclamer (1669) non-seulement l'utilité matérielle du commerce, mais encore ses salutaires influences sur l'état moral des nations.

« Le commerce est le moyen le plus propre pour
« *concilier les différentes nations* et entretenir les
« esprits les plus opposés dans une bonne et mu
« tuelle correspondance; il apporte et répand l'a
« bondance par les voies les plus innocentes.

« ..... *Rend les peuples heureux,* et les États plus
« florissans.

« ..... Aussi n'avons-nous rien omis de ce qui a
« dépendu de notre autorité et de nos soins, pour

« obliger nos sujets de s'y appliquer, et le porter
« aux nations les plus éloignées. »

VII

Moteur du travail :

Le commerce, agent civilisateur, est donc un
agent social, et d'autant plus que son action, comme
moteur de l'agriculture et des fabriques, s'exerce
à-la-fois sur le travail intellectuel et manuel.

Le travail intellectuel est le premier de tous.

C'est la tête qui dirige le bras : même dans les plus
petits travaux industriels, l'homme agit davantage
par la tête que par le bras.

Le commerce emporte donc avec lui la force in-
tellectuelle.

Or cette force est la plus puissante de toutes : elle
domine la force matérielle, et elle constitue ainsi
l'ordre social, qui cesse d'exister ou du moins est
jeté dans la perturbation, dès que la force matérielle
l'emporte. Qu'est, en effet, cette dernière? La matière mise en mouvement.

Qu'attendre de ce mouvement, sinon un boulever-
sement.

VIII

Au premier rang dans l'ordre social, administratif et politique.

Le commerce occupe un des premiers rangs, dans l'ordre social, administratif et politique.

Il forme, dans la société générale, une société particulière avec ses lois, on pourrait dire ses mœurs.

Il a son code, ses réglemens, ses usages, ses formes judiciaires, ses magistrats, sa marine.

Il se lie à toutes les grandes divisions de l'administration publique, savoir :

L'intérieur, par ses rapports indivisibles avec l'agriculture, les fabriques, les industries; par l'établissement et les facilités des voies de communication et de transport.

La justice, par la spécialité de ses lois protectrices de la bonne foi, et de ses tribunaux électifs, qui la distribuant, en triplent le bienfait par la gratuité, la célérité et l'équité.

Les finances, par le crédit, âme du commerce ; et ce commerce est lui-même une des sources du crédit de l'État par les impôts, qui luï sont particuliers, et par les produits des douanes.

Les affaires étrangères, par les agens diplomatiques ou consulaires, protecteurs des intérêts nationaux. En contact journalier avec les négocians et les marins, les agens consulaires, recueillent des notions positives sur l'état financier des nations, sur la vie des peuples; et transmettent ainsi d'utiles documens d'économie politique et commerciale. Le commerce a même, quand il n'en est pas l'objet principal, un intérêt plus ou moins direct dans tous les traités internationaux.

La marine, par ses approvisionnemens, ses vaisseaux et ses matelots, sans lesquels l'État privé de la marine, perd à l'étranger les principales conditions de la prospérité d'une nation, la puissance, la confiance, la dignité.

Nos possessions d'outre-mer, par les relations avec la métropole, par la *mutualité d'échanges*, de *procédés industriels*, de *produits*.

Ce tableau, quoique incomplet, suffit pour donner une idée de la complication et de la diversité de tous les intérêts, communs à-la-fois, à l'administration et au commerce.

L'administration ne peut, seule, les embrasser, les apprécier.

Elle ne le peut, étrangère qu'elle est, à cette pratique, à cette expérience, qui rendent positive la science du commerce; et qui ne reconnaît les théories, qu'après de prudentes et successives épreuves.

Il faut donc auprès de l'administration des hommes *pratiques* en matière commerciale.

Telle est d'ailleurs l'importance de la pratique que les plus grands génies lui accordent la supériorité sur la théorie.

Ainsi, plusieurs officiers discutant sur des théories compliquées de stratégie, l'Empereur présent, dit à un général placé auprès de lui : « Vous voyez cet
« homme ; il n'est pas dans le cas de comprendre
« un seul mot à tout ce qui se dit. Eh bien ! si, en
« campagne, j'avais à consulter, c'est à lui que je
« m'adresserais. »

Cet homme était Masséna.

IX

De là ses institutions.

Une pratique traditionnelle avait donc pourvu le commerce d'institutions qui lui étaient propres. L'administration les consacra ensuite, et les étendit progressivement, en raison des développemens de l'industrie et du commerce.

Des premiers rapports établis entre les hommes, étaient nées les premières institutions sociales.

La France lui devait, comme nous le verrons

(Livre 1ᵉʳ), ces grandes associations, élémens de la constitution du pouvoir municipal ; l'établissement du consulat tant à l'étranger qu'à l'intérieur, et d'utiles juridictions protectrices des intérêts du commerce de terre et de mer.

Les rois de France, en se les appropriant, préludaient ainsi à d'autres institutions inspirées par leur esprit national, telles que : réunions de notables commerçans, création du *Conseil* ou *Bureau de commerce* dont il va être parlé.

Des intendans et inspecteurs du commerce furent nommés.

Des édits maintinrent la prépondérance du commerce, notamment par son concours à l'exercice du pouvoir municipal et à la représentation nationale.

Enfin, les rois de France surent l'environner d'honneurs, de considération et de la plus haute confiance.

X

Conseil de commerce. — *Board of trade* en Angleterre.

Au sommet des institutions commerciales dominait le *Conseil* ou *Bureau de commerce*.

OEuvre du temps et de l'expérience, cette institution sera, (Livre Ier), étudiée dès son origine, présentée avec ses transformations, ses développemens, dont chacun vaudra un enseignement.

Ce conseil, modèle d'organisation commerciale et administrative, formait une section du Conseil d'État. Il éclairait tous les intérêts, les ramenait à l'unité et assurait la bonne et prompte expédition des affaires.

L'examen des questions commerciales était, chaque semaine, soumis à des députés, librement élus, par les villes de commerce, délibérant avec des conseillers d'État, tels que les d'Aguesseau, les Trudaine, les Turgot, les Malesherbes, les Montyon.

A ces délibérations participaient les ministres de la maison du Roi, de la marine, des affaires étrangères; les intendans des provinces intéressées, les intendans du commerce, et autres personnes dont le concours était indispensable ou pouvait être utile.

Enfin, le Conseil d'État statuait, mais sans possibilité d'ajournement ni d'erreur, après des avis parfaitement élaborés.

Malgré des transformations dues soit aux besoins du commerce, soit aux circonstances, le Conseil de commerce n'en subsista pas moins sous la monarchie et sous la république.

Sous la république, ses membres momentanément dispersés, furent rappelés ou remplacés par des hommes familiers avec le fait du commerce.

Deux cent vingt-huit séances, tenues dans l'intervalle du 24 ventôse an iii, au 15 frimaire an iv, attestent l'activité de ce bureau.

A cette dernière époque, lors de l'établissement du Directoire exécutif, un grand administrateur, Benezech, conserva encore l'institution sous le titre, de *Bureau consultatif* du commerce, en y appelant les membres de l'ancien Conseil, qu'il s'estimait heureux de réunir.

Aucune décision commerciale ne fut prise ni par ce ministre, ni par le Directoire, que sur l'avis de ce bureau.

Il fallait donc que cette institution fût non moins forte qu'indispensable, pour être remise en vigueur durant les temps de profondes crises sociales.

Et, cependant, nous la verrons s'affaiblir successivement, ainsi que les autres institutions commerciales.

L'Angleterre, au contraire, s'en était emparé.

Board of trade (bureau de commerce).

Jusqu'au temps de Charles II, les affaires de commerce dont la direction ou la connaissance appartenait au gouvernement, se portaient devant une section du Conseil privé.

A l'exemple de la *maison du commerce* dont il va être parlé, créée en 1664, fut fondé, dès 1668, en Angleterre, le *Board of trade*.

Depuis, et après des suppressions temporaires, le célèbre Pitt le rétablit, en 1782, tel qu'il subsiste encore aujourd'hui.

Le *Board of trade* est, pour l'Angleterre qui n'a pas de ministère de commerce, un *Conseil ministériel*.

Ce Conseil propose tous les changemens qu'il juge utiles ou nécessaires, concernant les lois de douane, le commerce en général, la navigation, etc.

Les projets conçus par les ministres, ou par des membres de la Chambre, lui sont soumis avant d'être portés au Parlement.

Enfin, il est chargé de réunir tous les détails statistiques sur le commerce, sur l'agriculture, etc.

Ce bureau s'occupait aussi des chemins de fer, mais à présent un *bureau spécial* a été créé pour ces voies de communication.

XI

La voix du commerce était entendue.

Maintenu à la hauteur de sa position, le commerce, indépendamment de ses autres organes, faisait constamment entendre sa voix, par ses Députés, constitués en *assemblée permanente*.

Le conseil de commerce donnait même son avis sur les plus hautes questions.

En voici deux exemples pris au commencement et vers la fin du siècle dernier.

Appelé, en 1723, à se prononcer sur ce prétendu *droit de visite* d'un bâtiment français, si outrageusement exercé dans ces dernières années, il le repoussa comme *injurieux à l'honneur du pavillon de France*, et comme contraire à la *liberté du commerce*.

En 1788, Louis XVI, soumit à son examen, le traité de paix conclu avec l'Angleterre, en 1786, et qui avait été l'objet d'éloges et de critiques également exagérés.

L'Édit de création (1662) de la *Maison du commerce*, portait : *Que les Députés y seraient logés et que chacun d'eux aurait du Roi, en toutes occasions, les audiences qu'il désirerait.*

On voit quelle haute influence exerçait le commerce; grâce à une organisation, dont le complément est dû au siècle de Louis XIV, siècle non moins illustre par la supériorité du commerce, que par l'annexe des provinces qui devaient assurer la puissance et la prospérité de la France.

Mais, alors, le génie du commerce était dans l'esprit du gouvernement, comme il n'a cessé d'être dans l'esprit du gouvernement anglais, dont il constitue la puissance.

XII

Elle ne l'est plus.

Le grand mouvement industriel, les incalculables effets de la vapeur; des circonstances toutes nouvelles, exigeaient, plus que jamais, de restituer le commerce, dans ses droits, dans ses institutions.

Le contraire est arrivé.

A *l'étranger*, les consuls ne sont plus généralement du moins des hommes familiarisés avec les matières et faits de commerce : il n'y a plus de *correspondance* entre eux et un conseil de commerce.

A *l'intérieur*, il a perdu ses influences, sa considération, sa représentation dans les conseils municipaux, dans la Chambre des députés et sa représentation permanente auprès du gouvernement.

L'élection pour les tribunaux, pour les chambres de commerce est faussée.

Les *élus* sont les *élus* des préfets.

Un ministère de commerce n'est qu'un ministère *fictif*, déshérité qu'il est de l'ensemble des attributions constitutives de cette haute partie de l'administration.

Bien plus, les lois, les décrets impériaux, les ordonnances sont également violés.

Une ordonnance du 29 avril 1831 portait que les Conseils généraux de l'agriculture, des manufactures et du commerce *tiendraient une session annuelle*.

Or, depuis le 29 octobre 1841, au lieu de huit sessions, deux seulement.

Quel contraste avec la monarchie et la république, qui exigeaient la réunion, chaque semaine, du conseil ou bureau de commerce, et encore entre un ministre de Juillet et un ministre de la République.

Le premier, lors de la session de 1841, félicitait les membres de ce que *la mission à eux départie leur permet de rester étrangers à toute préoccupation* POLITIQUE *et en dehors des débats et controverses qui se produisent dans le mouvement même régulier de nos institutions.*

Bien autre appréciateur de la nature et des rapports du commerce, le ministre Ramel, dans une réunion de députés du commerce, professait que *le commerce était en plein contact avec la politique.*

Ramel était dans le vrai : son successeur dans le faux.

A l'exemple tiré de la violation de l'ordonnance de 1831, ajoutons-en un autre, avec quelques particularités :

Il s'agissait d'une direction de chemin de fer qui garantît à la France les importans avantages d'un transit entre le Havre et l'Allemagne.

Deux tracés étaient en présence : L'un par Creil, Reims, centre d'une importante industrie, et par Metz;

L'autre, par la vallée de la Marne;

Le premier, réclamé par dix-neuf Chambres de commerce, était à ciel ouvert, économisait 20 millions, et assurait le transit; tandis que le second, contraire à ce transit, entraînait de grands travaux, avec tunnels, et *absorbait trois voies* de communication parallèles, grande route, canal, chemin de fer.

L'instruction n'était pas complète, le ministre avait annoncé l'ajournement de la loi à une autre session.

Tout-à-coup, les *influences* s'agitent. Avant la conclusion des enquêtes, sans consulter, ni la commission supérieure des chemins de fer, ni la commission administrative, ni la commission mixte, le Ministre saisit le conseil des ponts-et-chaussées.

Le 13 mai, il le préside.

Dans une seule séance, sans examen d'aucune des graves questions qui étaient à discuter, il obtient l'appréciation des deux parcours de plus de 1,200 kilomètres de développement.

Dès le lendemain 14, l'affaire portée au conseil des ministres, est également *báclée*, suivant l'expression caractéristique d'un judicieux, et spirituel écrivain.

Enfin, le 15, présentation de projet de loi (76 pages in-4°, y compris l'*Exposé des motifs*, et le projet de bail).

Ce dernier fait prouve que tout était préparé à l'avance. Le conseil des ponts-et-chaussées, qui n'avait point été libre dans son action, n'était donc consulté que pour la forme.

Pourquoi cette étrange précipitation et cette violation d'une loi et de trois ordonnances?

Pour créer des actions, et les livrer à la spéculation, ainsi qu'il était dit à la Chambre.

Cette vérité a échappé au Ministre : — *Une compagnie puissante par son crédit et ses capitaux* s'était présentée (page 29 de l'*Exposé*).

Compagnie puissante, en effet, puisqu'elle l'entraîna à supposer, que la *Commission supérieure* s'était prononcée; mais M. Houzeau-Muiron, de regrettable mémoire, le réduisit au silence par la lecture d'une lettre de l'honorable M. Daru à M. Houbigant.

Il y a plus : jamais question commerciale pour la France n'avait été traitée par des hommes plus capables d'éclairer l'administration.

Les dix-neuf Chambres de commerce, dont nous avons parlé, correspondaient avec un comité formé, à Paris, de délégués du commerce et de la fabrique de diverses villes.

Ce comité, dont nous aurons, plus tard, à faire connaître la composition et les travaux, offrit durant plusieurs mois, l'exemple de sacrifices aux grands intérêts commerciaux, consentis avec empressement par d'honorables négocians, au préjudice de leurs intérêts personnels.

Deux de ses membres, MM. de Brunet et Werlé, de Reims, rédigèrent de judicieuses observations appuyées de l'autorité des faits.

Plusieurs mémoires furent publiés, entre autres l'important *Mémoire* dont nous avons parlé, dû au patriotisme éclairé de M. Houbigant, membre du Conseil général du département de l'Oise.

A la suite de cet écrit, sera réimprimé un *Résumé* présenté à la Chambre des pairs, œuvre de talent et de logique due à M. Carteret, frère du digne maire de la ville de Reims.

Seront également réimprimés : une délibération

de la Chambre de commerce de Metz, et des *Considérations* sur le transit, dues à M. J. Clerc, délégué du Havre, et l'un des hommes le plus au fait du commerce de mer.

Il faut que l'homme d'Etat, l'administrateur, le négociant, par la lecture de ces pièces, étudiées froidement, en dehors de la chaleur des débats, reconnaissent combien il est funeste pour un pays, qu'un gouvernement n'entende pas la voix du commerce ; et que des questions du plus haut intérêt commercial ne soient point d'abord déférée au ministre du commerce.

Il fallait bien entrer dans ces détails, et qu'un exemple donné établît en fait, la nécessité d'un conseil de commerce, d'un conseil d'hommes pratiques, en permanence auprès du gouvernement.

XIII

Urgence de lui rendre ses institutions.

Les funestes conséquences d'un tel état de choses ne sont que trop déplorables.

Qu'avons-nous vu dans ces dernières années ?

Des directions de chemins de fer livrées aux intérêts particuliers ;

Des intrigues, des spéculations pratiquées, au grand préjudice de l'État.

Des fautes inouïes commises par une administration, abandonnée à elle-même, et privée de l'expérience et des lumières du commerce.

L'infraction des lois.

On le sait, le commerce vit de bonne foi, et un gouvernement lui porte coup, quand il viole les lois et ses propres actes et quand il tombe, comme le dernier gouvernement, dans ce système de *confusion* et d'*individualisation* que nous analyserons (livre 4ᵉ).

Confusion, par l'éparpillement d'attributions, cependant homogènes, et, encore, par l'instabilité de ces attributions. La connexité des intérêts du commerce, avec la haute administration, nous conduira même, à comparer, entre elles, les constitutions des ministères, sous le dernier gouvernement et sous les gouvernemens antérieurs.

Nous en conclurons que l'importance des attributions des ministères commande de les régler et fixer législativement.

A ce sujet rappelons les principes posés par un réglement de 1788, relatif aux fonctions et à la composition du bureau du commerce.

Le Roi considérant que, « De la confusion qui s'é-« tait introduite dans ces départemens (ministères);

« de la *diminution successive des assemblées du bureau*
« *et du conseil royal du commerce* ; enfin, de ce que
« les affaires générales, et même les contestations re-
« latives à cette partie intéressante de l'administration
« étant suivies aujourd'hui, dans différens départe-
« mens elles y sont réglées et décidées d'après les vues
« *particulières à chacun de ces départemens* sans
« aucun intérêt pour le bien *collectif du commerce;*

« Considérant que ce bien ne peut néanmoins
« s'effectuer que par une attention suivie sur les
« principes du commerce, par des soins continuels,
« pour en conserver l'ensemble et pour leur donner
« la plus grande activité ;

« A pris toutes les mesures nécessaires pour
« y parvenir. »

Individualisation : elle se pratique au détriment du corps social. Il en est des Chambres de commerce, comme des Conseils généraux.

En vain, les uns et les autres émettaient-ils des vœux ; systématiquement réduits à l'état d'isolement, l'administration ne s'en émouvait nullement ; cédant même à d'autres intérêts que ceux du commerce, elle forçait les Chambres de commerce, comme celle d'Amiens de signer des protestations d'une amère ironie, comme la suivante : « *Les villes et les Chambres de commerce, fussent-elles unanimes, ne représentent que des intérêts locaux,* LES

COMPAGNIES *apparemment, représentent seules l'intérét général.*

Que faut-il donc pour mettre un terme à cette perturbation administrative, pour restituer au commerce sa prépondérance et sa prospérité?

Il faut le rétablir dans ses droits de libre élection ; et lui rendre, en les conciliant avec le nouvel ordre de choses, les droits et l'action dont il a joui durant tant d'années.

Au dehors, il faut que les agens consulaires soient ce qu'ils étaient autrefois.

Au dedans, il lui faut une large participation au pouvoir communal et à la représentation nationale :

Par ses juges-consuls ;

Par les Chambres de commerce et des arts et manufactures ;

Par un bureau du commerce *en permanence* auprès de l'administration ;

Par un ministère de l'agriculture, des manufactures, des arts et du commerce ; mais avec toutes les attributions qui lui sont propres ; ministère indivisible aussi bien que les générateurs de la richesse publique.

Il faut donc au commerce une constitution complète. Il lui faut le vivifiant bienfait de l'*unité administrative*.

XIV

De les étendre à l'Algérie.

Nos institutions commerciales s'étendaient aux colonies.

Représentées au bureau du commerce, elles possédaient encore *des Chambres mi-parties d'agriculture et de commerce.*

L'importance de nos établissemens d'outre-mer ne pouvait échapper à l'Assemblée constituante.

Dès le 3 avril 1791, elle augmenta son comité d'agriculture et du commerce, de deux membres choisis dans les députations de la Guadeloupe et de la Martinique.

N'est-il pas inouï qu'après dix-huit années de possession, l'Algérie n'ait pas encore reçu une seule de ces institutions commerciales, que nous verrons être l'élément, sinon le principe des institutions sociales.

Nous disons une seule. Il ne faut pas compter pour telle l'élection des juges des tribunaux de commerce, déférée aux élus d'un gouverneur militaire, comme elle l'était en France aux élus d'un préfet.

XV

Plus de conquêtes que par le commerce.

Dans l'état actuel de la civilisation européenne, et avec les rapides et immenses progrès assurés au commerce, par les communications des chemins de fer, on peut affirmer que, désormais, il n'y aura plus de conquêtes militaires; c'est-à-dire de conquêtes déplorables dues à la destruction et au sang.

Les paisibles et progressives conquêtes du commerce sont les seules réservées au grand mouvement de la pensée, qui s'opère chez tous les peuples, comme aux besoins qu'ils éprouvent d'accroître le bien-être des travailleurs, et de multiplier les jouissances du luxe.

Cette vérité ne pouvait échapper à l'Angleterre. Mais dans sa tentative d'exploitation du monde, par la souveraineté des mers, il lui est réservé de reconnaître un jour que, jamais, les principes de liberté et de justice ne se violent impunément.

XVI

Nécessité d'un mémoire sur le fait du commerce.

Le système établi par le dernier gouvernement, de ne pas consulter le commerce, de le considérer comme étranger à l'administration, ajoute aux preuves de la nécessité de recourir à son expérience, à ses lumières.

La République obéirait, d'ailleurs, au plus noble, au plus grand des exemples.

Le jour même de l'installation du Conseil de commerce (24 novembre 1700), d'*Aguesseau* demandait aux négocians-députés un *mémoire sur le fait général du commerce et de la navigation.*

Nous verrons avec quel zèle, quelle persistance ces députés s'occupèrent d'un grand nombre de questions, de faits administratifs; et combien ils s'efforcèrent de répondre aux intentions manifestées par Louis XIV et par ses successeurs, de *faire fleurir en France le commerce, de le protéger, de le favoriser* (livre Ier).

De nos jours, le grand mouvement imprimé à l'industrie par l'application de la puissance de la vapeur, par le perfectionnement des procédés et des machines, par le besoin des jouissances, par l'accroissement des consommations , la réorganisation des institutions commerciales ; les justes influences administratives et honorifiques à rendre au commerce ; les encouragemens qui lui sont dus ; les grandes questions de communications internationales , de stations , de refuges, d'appui et de concours mutuels des *deux* marines , d'entrepôt , de transit , de sages tarifs de douanes , de libérales formations de lignes douanières avec les peuples voisins ; les rapports de la métropole avec les colonies ; l'avenir de la colonisation de l'Algérie , et d'autres questions non moins graves exigent encore plus impérieusement qu'au xviie siècle, *un mémoire sur le fait général du commerce et de la navigation.*

Or, qui le rédigera, si ce n'est le commerce lui-même ?

Ainsi l'avait pensé Colbert, dans un temps où les ministres ne se croyaient pas dotés d'omniscience et d'omnipotence.

Colbert , livré à un travail de seize heures par jour, avait humblement reconnu que la nature et la variété des affaires commerciales ne lui permettaient pas une étude qui était éloignée des actes habituels du gouvernement ; pour faciliter son travail, il s'éclairait de l'expérience des hommes pratiques. — Et la France eut la gloire d'atteindre à un grand développement commercial.

XVII

Objet de ce traité.

Faire connaître nos institutions commerciales dans leur principe ;

En indiquer l'organisation successive ;

En justifier l'utile action par l'exposé de travaux et de services qui datent de longues années;

Comparer les anciennes institutions avec les nouvelles ;

Etablir l'insuffisance ou plutôt la fiction de ces dernières;

Faire ressortir l'urgente nécessité de reconstituer le commerce dans ses droits , dans sa puissance ; de protéger et servir ses intérêts qui sont les intérêts de l'État.

Tel est l'objet de cet écrit.

XVIII

Sa division.

Nous diviserons cet écrit en cinq livres.

Dans les quatre premiers, nous considérerons, en les comparant, les institutions et l'heureuse influence du commerce :

Sous les rois de France et sous la République;

Sous l'Empire ;

Sous la Restauration ;

Sous le gouvernement de Juillet.

Nous exposerons quel fut, dans chacune de ces périodes, l'état politique et administratif du commerce.

Le cinquième livre contiendra une indication des dispositions législatives ou réglementaires, que commande l'état actuel du commerce, et le rétablissement de sa prospérité.

Dans un *appendice,* seront rapportées, diverses pièces, auxquelles il est renvoyé, ou que la discussion permettait seulement d'analyser.

On trouvera des répétitions dans cet *Essai ;* elles tiennent au genre et à la clarté d'un écrit qui ne peut reproduire des faits et des actes législatifs ou administratifs, sans reproduire parfois les mêmes observations.